JAMMES

OU

L'HISTOIRE D'UN PRODUCTEUR

SA BIOGRAPHIE — SA VIE PRIVÉE

SES VOYAGES — SES AVENTURES — LE GENRE ET LE

TITRE DE SES DÉCOUVERTES

PAR

ÉTIENNE JUZET

PREMIÈRE ÉDITION

PARIS

TYPOGRAPHIE ET LITHOGRAPHIE DE MICHELS-CARRÉ,

IMPASSE DE LA GROSSE-TÊTE, 3,

MAISON PASSAGE DU CAIRE 8 ET 10.

1865

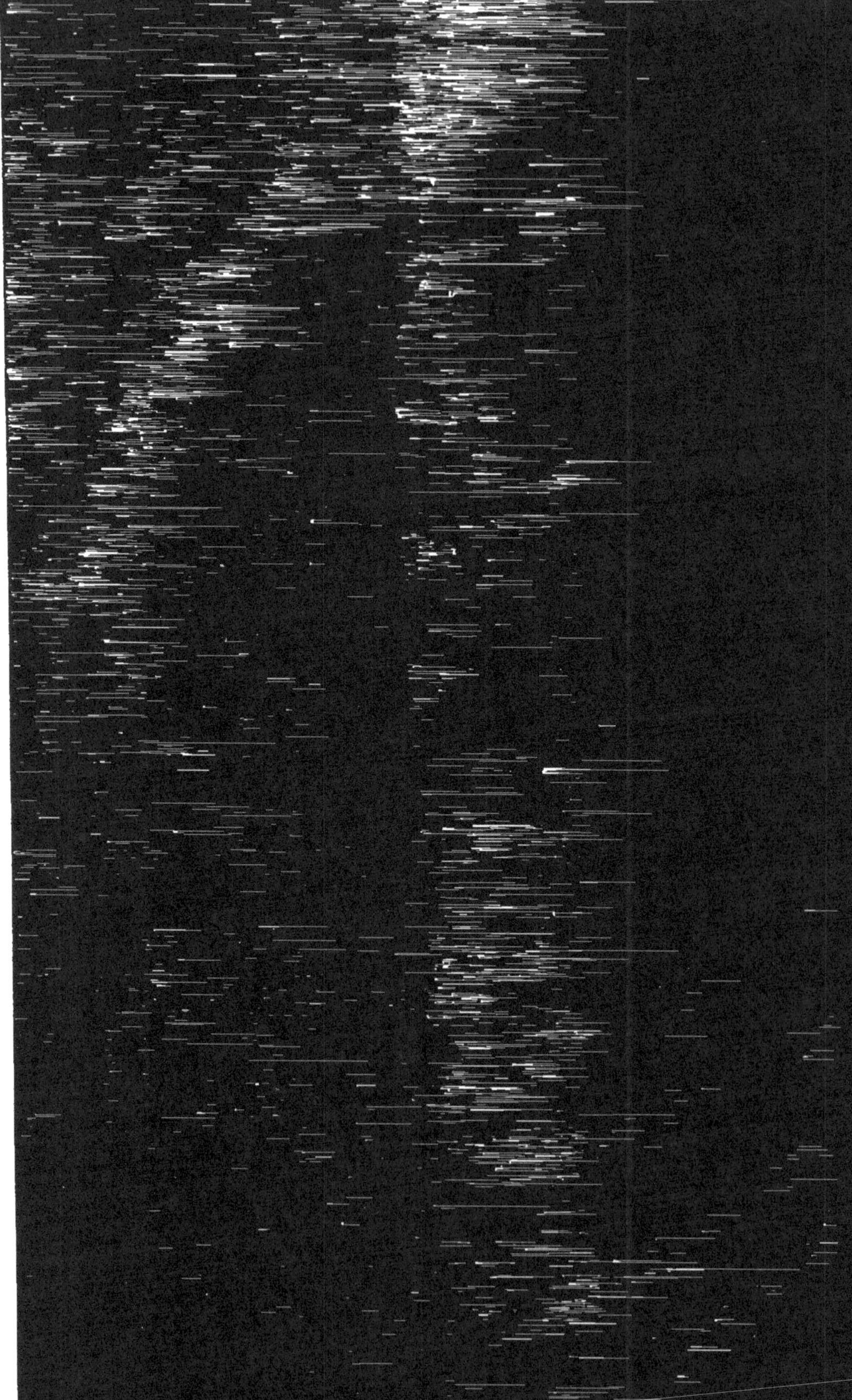

JAMMES

ou

L'HISTOIRE D'UN PRODUCTEUR

JAMMES

L'HISTOIRE D'UN PRODUCTEUR

SA BIOGRAPHIE — SA VIE PRIVÉE

SES VOYAGES — SES AVENTURES — LE GENRE ET LE

TITRE DE SES DÉCOUVERTES

PAR

ÉTIENNE JUZET

PREMIÈRE ÉDITION

PARIS

TYPOGRAPHIE ET LITHOGRAPHIE DE MICHELS-CARRÉ,

IMPASSE DE LA GROSSE-TÊTE, 5,

MAISON PASSAGE DU CAIRE 8 ET 10.

1865

PRÉLIMINAIRES

En traçant cette anecdote, l'auteur a voulu caractériser et dépeindre la marche progressive qui se produit par l'intelligence de l'homme, organisée pour l'art innovateur.

Il a pensé qu'en publiant ces passages historiques et vrais, dont il a acquis la certitude par lui-même, que le public ne serait pas mécontent en lisant ces fragments jetés à la hâte, et que l'ensemble de ce travail serait de quelque utilité par le caractère moral et tragique dont il est revêtu.

Ce qui prévaudra à le rendre intéressant et instructif, ce sont les récits des faits bien exacts représentés ou simulés par l'intitulé : *Jammes.*

Cet ouvrage est entièrement neuf, et dicté exceptionnellement par un homme dont l'habileté pour la composition de l'histoire n'est pas familière ; mais l'auteur a l'espoir que le lecteur lui accordera un peu d'indulgence, car l'idéal qui a guidé sa main pour l'écrire, et son esprit pour le composer, n'a d'autre ambition que celle d'être utile à ses semblables et ne possède d'autre mobile que celui de l'humanité et du progrès.

Il s'est fait un devoir de décrire une foule de faits moraux, instructifs, variés et sincèrement véridiques, puisqu'il n'a puisé à d'autres sources, pour les tracer, qu'aux événements qui se sont produits sur lui-même, et qui se sont tour à tour présentés devant sa faible intelligence pour l'éclairer et lui servir de guide durant le court et pénible passage de sa vie.

On peut puiser dans cette histoire une quantité de bonnes choses, telles que les sentiments d'amour pour le prochain et des pensées fermes et généreuses capables d'ennoblir et vivifier un cœur stérile et corrompu.

Le jeune homme y trouvera de quoi satisfaire sa curiosité en lisant attentivement ces passages simples et variés, mais de nature à le guider et à l'instruire sur diverses sciences; ses devoirs envers l'*Être suprême* et la Société, ainsi que sur les droits qu'accorde la majorité à l'homme qui les remplit. Il y reconnaîtra l'image du courage, de la sagesse et de la vertu, trinité qui peut seule le conduire au bonheur en lui servant de guide durant le court pélerinage de ce monde; il pourra, s'il le veut, devenir généreux et célèbre producteur, et le vieillard aura la douce satisfaction, en faisant allusion à ses bons actes et souvenirs passés, d'apprendre qu'un producteur, malgré le peu d'instruction et à travers les obstacles, a trouvé assez de courage pour faire ressortir les bienfaits que procure le travail, le sentiment généreux et sensible de l'honnête homme.

Ce spécimen historique d'un vrai producteur, est dédié principalement à cette classe de jeunes gens destinés aux travaux de toute nature, aussi bien qu'à vivifier et perpétuer l'honneur, la gloire et la prospérité de la grande famille humaine.

Le lecteur de toute condition, des deux sexes et de tout âge, reconnaîtra, en lisant cet ouvrage, qu'il est préférable, surtout pour ennoblir le cœur et enrichir l'esprit, à beaucoup de pamphlets qui, sans retirer l'honneur et la science de leur auteur, n'ont été établis que dans un but partiel, et souvent puisés d'après des écrits plus ou moins véridiques et nouveaux.

L'auteur se propose à disposer cet ouvrage, de façon à ce que tout le monde soit satisfait, en le divisant en trois volumes, qui contiendront chacun vingt-cinq chapitres, composés d'environ seize pages, et formeront pour un volume quatre cents pages, et pour les trois, douze cents pages, dont vingt-cinq lignes de quarante lettres formeront la soixante-quinzième partie de l'ensemble.

Le premier volume commence la vie de Jammes, c'est-à-dire depuis sa naissance jusqu'à son mariage, et se trouve en ce moment totalement terminé ; l'auteur fera tous ses efforts pour le faire imprimer, et continuera l'ensemble en plaçant une gravure en tête de chaque chapitre, figurant les sujets.

L'ouvrage comprend : Sa biographie. — Son origine. — Le lieu de sa naissance. — Les différents épisodes de sa vie privée et sociale. — La forme et le fond de ses premières études. — Son courage énergique pour le travail. — Le commencement de ses œuvres. — La position restreinte de ses parents. — La

le notaire. — Discussion à Montrouge. — Mort de la belle-mère de Jammes. — Prédiction de ce qui devait arriver de cette perte douloureuse. — Le beau-père et la couturière devenue son épouse.

Ce prélude intellectuel provient seulement d'un sentiment généreux. Ce qui peut en donner une preuve réelle, c'est que je l'ai tracé dans l'intervalle d'un travail manuel, pénible et laborieux, indispensable pour subvenir aux frais et besoins de mon existence et de celle de ma famille.

Les autorités compétentes voudront bien, je l'espère, sanctionner et même agréer ce petit ouvrage, qui ne peut, du reste, nuire à personne : il est plutôt capable d'encourager l'honnête travailleur, en lui traçant une ligne de conduite, qu'il doit suivre pour l'honneur de la société. C'est en quelque sorte lui donner ce qui lui appartient. Mais que pourrait-on faire de mieux, si ce n'est de s'occuper de son semblable ? Malheureusement, beaucoup de grands esprits, je dirai même de grands cœurs, n'y songent pas ou l'oublient.

J'ose espérer que l'administration, toujours si bienveillante, me prêtera son appui, et que de nombreux producteurs seront attentifs à mes œuvres.

Étienne JUZET.

JAMMES

OU

L'HISTOIRE D'UN PRODUCTEUR

CHAPITRE PREMIER

LA NAISSANCE DE JAMMES

Au commencement du dix-neuvième siècle, dans une commune près de Clermont-Ferrand (Puy-de-Dôme), située au bas d'une petite montagne que l'on nomme *Puy-de-Corrant,* non loin du hameau de ce nom, aux abords d'une petite rivière nommée la *Maunne,* à un kilomètre de l'Allier (rivière) et à douze kilomètres de Clermont (chef-lieu), naquit le célèbre Jammes (c'est le nom que nous donnons au sujet que nous traitons), au son du marteau, de l'enclume que son père et ses compagnons provoquaient tous les jours en forgeant aux frémissements des cascades produits par la chute des eaux, et au bruit étourdissant du tic-tac des moulins voisins, sans cesse répété par leurs mouvements rotatifs.

Il fut le plus jeune d'un frère et de quatre sœurs.

L'origine de son père est hongroise et ses aïeux, de quatre ou cinq générations, exerçaient la profession du marteau, c'est-à-dire forgerons ou maréchaux, et résidaient depuis plusieurs siècles dans une contrée que l'on nomme la *Limagne d'Auvergne*.

La modeste situation de ses parents ne leur avait pas permis de donner à Jammes l'éducation nécessaire au développement des idées renfermées dans son large front, mais en échange ils avaient prodigué à leur fils leurs principes de dignité et d'honneur, et lui avaient laissé pour legs l'amour du travail, élément précieux qui élève l'homme, le fortifie, le console au moment de l'adversité par la récompense de ses œuvres, qui ne sont pas toujours méconnues ni soustraites.

Nous verrons plus loin comment Jammes a su mettre en pratique les bons conseils de ses bien-aimés parents.

Nous continuons à nous intéresser de sa naissance en poursuivant la marche progressive de sa vie.

Ce fut un beau dimanche de printemps que la mère de Jammes lui donna le jour, cette bonne mère bien chérie plus tard de son fils, aimée de sa famille et respectée de tout ce qui l'entourait.

Descendant d'une famille française que les dissensions politiques avaient décimées, elle lui fut ravie par la mort dès son jeune âge.

A l'âge de quatre ans, le premier soin de l'éducation de Jammes fut confié à une demoiselle d'un âge mûr, dont les mœurs ne laissaient rien à désirer.

Deux ans plus tard, on le mit chez un instituteur de la commune. Cet honorable maître d'école de cette époque n'avait eu nullement à subir d'examens; aussi savait-il à peine écrire une lettre convenablement, et Jammes cependant avait su mériter sa confiance, car après deux années d'étude il lisait couramment dans un livre de messe. Il est bon de signaler qu'à défaut d'écriture, il connaissait bien l'art de fumer le tabac. Depuis bien longtemps le maître le favorisait et chargeait son pupille préféré de l'entretien et de l'allumage de sa pipe, ce qui produisait à Jammes, en absorbant la fumée de tabac, un étourdissement tel, qu'en entrant dans la classe il trébuchait parfois.

Deux ans après, le père de Jammes s'aperçut qu'il avait l'esprit inventif (terme dont il se servait) ; il lui permit alors de forger à une forge qui se trouvait souvent libre.

Quel jour de bonheur pour Jammes et ses amis,

camarades d'école qui l'accompagnaient partout !
Déjà à cette époque, Jammes, d'un vieux canon qu'il
prit dans le tas de ferraille, en avait fabriqué un
fusil ; pour en faire l'épreuve, on allait aux prés ;
ses compagnons ne manquaient pas de le suivre,
mais comme s'il s'agissait de travail d'atelier.

Une orgnanisation devenait nécessaire, Jammes en
prit la direction, et le petit groupe fut organisé par
ses soins : chacun se disposait à remplir la tâche qui
lui était confiée.

Quel est donc l'objet que l'on va fabriquer?....
ce sera sans doute au profit ou pour le besoin de
la bande joyeuse?... L'un c'est un fer à toupie ;
l'autre aimerait mieux un trébuchet pour prendre les
moineaux ; un autre voudrait une bêche pour cultiver
le jardin ; le quatrième dit à Jammes : « Si tu nous
fabriquais une voiture, nous la promènerions en
montant dedans chacun à notre tour. »

Jammes commença par le fer à toupie et tout allait
à merveille, quand tout à coup une explosion éclate
comme le bruit d'un canon. Le soufflet, par la dis-
position du feu, avait aspiré la flamme, et au moment
où les bambins mettaient la main sur la chaîne du
soufflet, ce mouvement produisit un déplacement
d'air tellement subtil que la flamme, ne pouvant

suivre une ligne rétrograde, sortit comme un éclair du côté opposé : alors tous les compagnons prirent la fuite, et Jammes en fut effrayé lui-même, excepté son père et les anciens ouvriers, qui avaient vu cet effet se produire d'autre fois par la même cause.

Cela fut pour Jammes une bien grande déception, qui par le fait n'était autre qu'une découverte, car son père, après l'avoir grondé, lui expliqua clairement et l'effet et la cause, ce qui n'empêcha pas la suspension provisoire et la marche progressive de ses opérations.

Depuis cette époque jusqu'à l'âge de l'adolescence, Jammes s'occupa à s'instruire matériellement sur les divers produits métallurgiques, tels que les instruments d'agriculture en général, arquebuserie, serrurerie, taillanderie, coutellerie et mécanique. Il se distingua surtout par la persévérance. Le travail assidu et son courage énergique dépassaient quelquefois les limites de sa force, si bien que parfois les voisins, les amis de son père, témoins de son ardeur, tenaient souvent ce langage :

— Votre fils travaille trop fort, disait-on au père de Jammes, il épuise ses forces avant de les avoir obtenues ; il est encore bien jeune pour résister à de pareilles fatigues ; si vous le laissez continuer à travailler ainsi, nous pensons que cela nuira à sa croissance et même à sa santé.

— Ne vous tourmentez pas, mes amis, répondit ce dernier ; à l'âge de dix-huit ans, Jammes aura moins d'ardeur pour le travail ; c'est une maladie qui se guérit souvent trop tôt ; cela ne le fera pas mourir avant son temps ; je crois au contraire que ça lui sera salutaire pour l'avenir.

Le père de Jammes était peu sensible, mais dans son dernier mot il disait vrai, car le travail assidu, loin de nuire à Jammes, lui fut d'une grande utilité, dont nous ferons connaître dans la suite les détails.

Pour mieux utiliser le travail de Jammes, son père le faisait frapper devant l'enclume (mot vulgaire), dans le but de remplacer un ouvrier occupé à un autre travail. Jammes fut bien charmé d'être admis au rang des travailleurs ; mais, comme sa taille était trop courte, c'est-à-dire qu'il n'était pas assez grand pour frapper sur l'enclume, on y suppléa par un escabeau ou une planche supportée par quatre pieds, de manière à recevoir Jammes pour le placer à la hauteur voulue ; alors, on frappait de concert à quatre marteaux durant quinze ou vingt minutes, pour étendre du fer, qui par sa chaleur brûlait souvent les mains et les parties du corps de Jammes.

La suite à la prochaine livraison.

JAMMES OU L'HISTOIRE D'UN PRODUCTEUR (suite)

2me LIVRAISON

CHAPITRE II

DÉPART DE JAMMES

Durant les premières années de son enfance, Jammes, ainsi que nous l'avons déjà dit, passa presque tout son temps au travail, et consacra le reste à l'étude ; mais il lui aurait fallu bien d'autres éléments nécessaires à l'accomplissement de ses vœux ; principalement, il lui manquait de bons enseignements classiques qui l'auraient mis à même de puiser dans la théorie les sciences qui lui étaient totalement inconnues, ensuite, de bons appareils et des leçons pratiques données par des professeurs éclairés devenaient pour lui indispensables.

Hélas ! ce fut bien autre chose lorsqu'il eut atteint l'âge de douze ans ; soit par les revers que son père venait d'éprouver, ou au sujet de toute autre cause, Jammes fut contraint de travailler à l'atelier, le moins douze heures par jour ; il s'agissait, alors, de remplacer un compagnon et de gagner son pain à la sueur de son front, comme le disait son père, afin de subvenir aux besoins de la famille et aux dépenses de la maison.

Le père de Jammes avançait en âge, et ses forces commençaient à s'épuiser ; il était donc de son devoir de faire tous ses efforts pour soulager son vieux père qu'un long et pénible travail avait affaibli. Il ne manquait pas à remplir noblement sa mission, qui lui semblait bien douce, et, quoique jeune encore, il ne cédait pas à la fatigue, aussi faisait-il la joie de ses parents et l'admiration de tout le monde, témoin de ses actes. Plusieurs années s'écoulèrent ainsi, et Jammes avançait en âge, ses forces se multipliaient, et le développement de son intelligence marchait rapidement de concert avec son courage, et, animé par des sentiments d'humanité, de progrès pour le bien de tous, il aimait tellement à satisfaire toutes les personnes habituées à se fournir à la maison de son père, qu'elles s'adressaient à lui de préférence ; de son côté, il mettait tous ses soins à les servir, aussi le nombre en augmentait-il tous les jours, ce qui décida bientôt son père à lui confier la direction des affaires de l'atelier, et tout allait pour le mieux.

Mais Jammes avait bien d'autres vues : il désirait ardemment de s'instruire sur plusieurs points, et, dans ses réflexions, ils se disait à lui-même que son village ne lui fournirait pas assez de ressources pour son instruction ; d'un autre côté, il lui semblait qu'il ne devait pas rester dans ces lieux obscurs, sans aller chercher plus loin ou ailleurs d'autres découvertes ; parfois, il rêvait à parcourir la France, les grandes villes, principalement Paris.

Ses perspectives s'étendaient encore plus loin : aussi espérait-il de visiter un jour les cités des puissances étrangères, toujours dans le but de s'instruire sur les principaux éléments nécessaires à l'accomplissement de sa mission, qu'il tenait à remplir.

Enfin, les voyages étaient pour lui une cause indispensable, et bientôt il n'attendait plus qu'un moment favorable pour se mettre en route.

Ses projets ne laissaient pas de lui causer de vives inquiétudes, vu qu'il s'agissait de quitter son bien-aimé père et une sœur qui le chérissait, qui prenait une large part au travail et à la peine de son frère Jammes de se séparer de sa famille ainsi que de ses amis.

Enfin, il fallait s'éloigner aussi du lieu qui l'avait vu naître, d'où il venait de passer les heureux jours de sa plus tendre enfance. A cette époque, Jammes était le soutien de sa famille, le bâton de vieillesse de son père, comme le disaient les voisins.

En se séparant de son père, Jammes pouvait lui causer bien des chagrins ; une foule de pensées de ce genre venaient chaque jour troubler son esprit, mais son amour pour la science et le vif désir de voyager l'avaient tellement frappé qu'il fallut se résigner. L'heure allait bientôt sonner et Jammes commençait son tour de France.

Il fallait pourtant en référer à son père, ce qui n'était pas, pour Jammes, une démarche très-agréable. Comment son père l'accueillerait-il? Ce ne fut pas sans angoisses qu'après toutes réflexions faites le père de James consentit à son départ; de son côté, Jammes avait le cœur nâvré de douleur en songeant qu'il fallait, et sous peu, se séparer; on peut juger quelle scène de tristesse et de pleurs qu'éprouvèrent le père et la sœur, ainsi que toute la famille, surtout le jour de son départ.

Ce fut vers le mois d'août que Jammes se mit en route le sac au dos, une canne de haute taille à la main qui n'était pas de jonc, mais bien de cornouiller, et dirigeait ses pas sur Lyon.

La première journée, il fit un parcours de quarante-huit kilomètres à pied et à travers les montagnes, passant les rivières au gué, où il ne se trouvait pas de pont, sans crainte de se mouiller les pieds; Jammes devait cette assurance à son esprit de prévoyance qui l'avait déterminé à se munir d'une paire de bottes à l'écuyère, qui lui ont été d'une grande utilité, comme nous verrons plus tard, dans d'autres circonstances.

Jammes marchait rapidement et d'un pas bien décidé, en admirant les chefs-d'œuvre de la nature ; il portait parfois son regard sur son humble village, croyant encore apercevoir le clocher, ou du moins le *Puy-de-Corrant* qui le couvrait par son élévation.

Mais, hélas ! plus il s'éloignait, les montagnes le dérobaient à sa vue ; lorsqu'arrivant auprès d'une colline boisée d'arbres, de sapins verts, il aperçut des troupeaux de moutons des jeunes bergers et des petites bergères qui couraient et se lamentaient en criant : *Au loup !* Jugez de la surprise de Jammes en voyant ce féroce animal, chargé d'un infortuné petit agneau, l'entraînant au pas de course dans le lointain, sans doute pour mieux le dévorer. Jammes se mit à sa poursuite, mais ce fut en vain, car le vorace disparut bientôt avec la rapidité de l'éclair. Alors Jammes continua sa marche afin d'arriver avant la nuit dans le bourg qui se trouvait à quatre kilomètres de cette place, afin de se reposer des fatigues de la journée. Le temps était calme et le soleil ne montrait plus que de loin ses rayons lumineux se dessinant sur les monts escarpés du bord de la Loire. Le ciel se couvrait çà et là d'innombrables nuages variés et rougeâtres annonçant l'approche de l'obscurité de la nuit.

Quand Jammes découvrit du haut de la montagne le clocher du bourg où il se proposait de s'arrêter pour prendre quelque nourriture, Jammes ne tarda pas à rejoindre l'hôtel dans lequel il passa la nuit.

Le lendemain, au lever de l'aurore, il prit congé de l'hôtelier et le pria de lui indiquer la route qui conduit à Montbrison, petite ville que Jammes désirait visiter en passant; ce dernier lui montra le chemin qu'il fallait suivre, alors Jammes, après l'avoir remercié, le salua et partit.

Chemin faisant, et à l'approche d'un village, il aperçut, sur la route, plusieurs couples de jeunes garçons et de jeunes filles se dirigeant du même côté que lui. Où allaient-ils? cela était leur secret. Jammes les aborda bientôt pour s'en informer. Ces braves campagnards lui dirent qu'ils allaient à la fête du village, et l'engagèrent en même temps à les accompagner, lui manifestant le plaisir qu'ils auraient s'il passait quelque temps à la fête avec eux. Jammes, jeune encore, et désireux de voir l'effet d'une fête d'un village de montagne, accepta l'offre sous réserve et à condition, toutefois, que son séjour ne se prolongerait pas, car il craignait de se mettre en retard.

Arrivé près du village, non loin de la route, aux abords d'un ruisseau, à peu de distance d'une ferme, des groupes se mouvaient dans un pré, et, sur l'herbe fanée, commençaient à danser au son de la musette ou d'une vielle.

Jammes alors contemplait la nature, surtout dans les figures rondes et fraîches de la jeunesse habitant des montagnes, mais hélas ! Jammes observait aussi des mines pâles et jaunies par les miasmes fiévreux produits par les eaux croupissantes des marais.

Ce tableau fut pour son cœur un sujet d'amertume, car il venait d'apercevoir au lointain, dans la plaine, plusieurs points submergés exhalant une odeur putride, et, dans ses réflexions, il se disait à lui-même : « C'est bien là la cause de tous ces ravages qui accablent sans cesse les infortunés habitants de ces contrées insalubres ; ne pourrait-on pas y porter remède ? mais un remède salutaire, afin que ces braves gens puissent bientôt respirer un air pur qui leur serait, je crois, d'une grande fécondité ? » Après ces réflexions, il quitta ce site malsain, et se rendit à Montbrison, où il ne fit pas long séjour.

Cette ville, située presqu'au centre marécageux, peu florissante et triste, n'attira pas la curiosité de Jammes, qui ne cherchait qu'une occasion favorable afin de partir immédiatement pour Saint-Etienne, où l'attendaient plusieurs de ses amis.

CHAPITRE III

ARRIVÉE DE JAMMES A SAINT-ÉTIENNE

Arrivé dans cette cité manufacturière, noircie par le charbon et la fumée des fabriques, Jammes fut édifié à la vue de son mouvement industriel, et alla loger chez la mère des compagnons maréchaux (1). Il est à remarquer qu'à cette époque Jammes commençait son tour de France, et exerçait la profession de maréchal-ferrant.

Il fut bien reçu, en arrivant, par les membres de la société, ainsi que de la mère des compagnons qui, après l'avoir interrogé sur plusieurs points, furent satisfaits en reconnaissant que ce jeune aspirant, aux allures énergiques et bien décidé, venait de quitter son village dans le but de s'instruire et d'acquérir, par son courage, le talent nécessaire à son développement.

Un fait regrettable et fortuit, qui ne se renouvelle que trop souvent dans la vie de l'homme : un membre de la société avait cessé de vivre ; on célébrait ses funérailles. Ce jour-là, un grand nombre de mem-

---

(1) Hôtel où se réunissent les membres d'une société de compagnonnage.

bres se trouvaient réunis, et le soir, comme il est d'usage pour ces cérémonies lugubres, on féta en l'honneur du défunt, et Jammes fut reçu, le même soir, aspirant (1) au compagnonnage du tour de France, sous le nom de Clermont (2), l'Ami des Arts.

Le lendemain, on le conduisit dans un atelier on il travailla quelque temps ; mais Jammes ne manquait pas, tous les soirs, de se trouver à la réunion, afin d'y puiser des renseignements utiles ; là, on lui donnait des leçons diverses : il apprenait principalement à manœuvrer la canne, science que chacun s'exerçait à connaître pour se défendre au besoin, sur la route, contre les adversaires dont on se trouvait topé (3), ainsi que sur les devoirs à remplir envers la société. Comme Jammes aspirait à se rendre à Lyon, il ne fit pas long séjour à Saint-Étienne et partit pour Rive-de-Gier. Il y demeura aussi quelque temps, exerçant, bien entendu, sa profession.

Cette ville, comme on peut en juger, est noire en raison de ses mines de charbons de terre, ainsi que

(1) Nom usité parmi les ouvriers qui voyagent en France

(2) Surnom que l'on donne aux nouveaux arrivés le jour de leur réception.

(3) *Tope !* mot dont se servent les corporations dans ces scènes sauvages pratiquées sur les routes, afin de se reconnaître pour se combattre au besoin.

par ses fabriques et verreries, qui en font sa base principale.

Peu de jours après que Jammes fut installé, et travaillant dans un atelier, il eut une nouvelle épreuve à subir.

Par une nuit sombre, que rappela longtemps son souvenir, tout à coup, il survint un orage affreux et terrible. Jammes demeurait alors dans une petite maison base, rehaussée seulement d'un étage au-dessus de l'atelier où il travaillait. Cette maison, située sur une grande rue droite, et à rampe prononcée, adossée, par ses trois côtés à des maisons élevées de quatre à cinq étages, à environ deux cents mètres d'un pont placé en haut d'une rivière qui, parfois, laissait un large lit presqu'à sec.

A peine Jammes était-il endormi, que la tempête fit entendre un bruit tel que l'homme le plus rassuré n'aurait pu s'empêcher de frémir. Ces craquements lui ravirent son premier sommeil.

Le ciel était en feu et le tonnerre semblait vouloir engloutir la surface ; les ténébreux nuages, blanchis par les éclairs et brisés par la foudre, laissaient échapper par torrents les immensités d'eau contenues dans leur sein

Au moment où Jammes murmurait à voix basse : « Quel orage ! on dirait que le ciel vient de lancer ses armes contre le genre humain pour nous anéantir ! » un homme apparut près de lui, tout effrayé, tremblant, contre son habitude, car, dans d'autres circonstances, il bravait le danger et marchait sans crainte (on le nommait ainsi) ; il était ouvrier et compagnon de Jammes ; tous deux seulement habitaient la nuit cette demeure. Ce fut peu rassurant pour Jammes en voyant son ami, pâle et défiguré, lui annonçant le déluge. Cependant, il s'arma de courage et mit ses bottes à l'écuyère, ouvrit la croisée dans le but d'examiner l'orage. Au même instant, un éclair bleuâtre, mais dans la condition comme on en voit peu, le frappa tellement qu'il resta quelques minutes dans un état de stupéfaction ; alors, l'effet du fluide électrique, serpentant dans l'espace, rencontra un contact, fut attiré par quelques éléments, et sa chute fondit auprès de Jammes, se dirigeant ensuite sur la grande pompe à épuisement qui se trouvait en face, brisa une des machines et produisit l'interruption totale de ces puissants appareils qui servaient à extraire les eaux de toutes les mines voisines, ce qui en détermina la submersion.

Après que Jammes eut repris ses sens, il fixa de son mieux du côté de la pompe, alors il aperçut au loin plusieurs points lumineux qui paraissaient se laisser diriger au gré du vent, et planaient au long d'une petite montagne voisine. Cette vue frappa l'imagination de Jammes, qui, pour la première fois, se présentait à lui. Ces points n'étaient autres que des petits ballons illuminés, lancés dans cette direction afin de s'assurer de quelle part venait ce formidable torrent, qui submergeait la ville et entraînait tout à sa suite funeste.

Mais l'attention de Jammes fut attirée sur d'autres points, par les cris lamentables des malheureuses victimes de cet affreux désastre, appelant à leur secours. Jammes voulut vainement se diriger vers elles, croyant les sauver, car, après avoir descendu quelques marches de l'escalier qui conduit dans l'atelier et dans la rue, l'eau lui fit obstacle par sa rapidité et son élévation, qui montait à plus de deux mètres. Au bout de quelques instants, guidé par le désir d'arracher à la mort des infortunés que le danger menaçait gravement, il allait tout braver, quand son compagnon lui fit apercevoir que, par la rapidité du torrent, des poutres, traînées par lui, descendaient tellement fort qu'elles démolissaient les maisons qui se trouvaient sur leur passage. Au même instant, il en passa une qui, par sa rencontre à l'angle de la maison voisine, fit trembler et endommagea cette partie du bâtiment. Ce fut alors avec peine que Jammes renonça forcément à ce projet périlleux.

Mais après qu'il se fût concerté avec son compagnon d'infortune, qui ne cessait de répéter ces mots : « Nous sommes perdus ! c'est le déluge : nous allons périr ici tous deux, sans pouvoir en référer à personne. Quelle calamité! la machine de la grande pompe ne fonctionne pas; nous n'entendons plus que des cris plaintifs. Ne voyez-vous pas des boules de feu là-bas, sur la montagne : on dirait qu'elles se meuvent? que signifient-elles? D'où viennent tous ces arbres qui démolissent les maisons en passant? C'en est fait de nous!» Jammes découvrit une ouverture pratiquée sur la toiture, et pénétra sur le toit, croyant pouvoir escalader les murs d'une maison voisine, afin de se rendre sur les lieux d'où partaient les gémissements, dans le but principal de sauver ces malheureux, aussi pour s'informer de la cause de ces débordements. Mais encore une fois il ne lui fut pas possible d'exécuter ce projet, à cause de la trop grande élévation des maisons ou des murs.

Alors il descendit dans sa chambre, tout résigné à attendre patiemment la part que lui réservait la destinée. Peu de temps après, l'orage se calma un peu, les eaux se retirèrent graduellement, et Jammes eut alors la facilité et le bonheur d'aller porter du secours aux victimes de l'inondation.

Grâce à son dévouement et à ses bottes à l'écuyère, qui lui garantirent les jambes jusqu'à la hauteur du genou, il témoigna de son zèle, et son courage fut digne et méritoire en affrontant tous les dangers durant plus de huit heures.

Ensuite il revint chez lui, heureux d'avoir sauvé une jeune fille et un vieillard infirme privé de la vue, en les emportant sur son dos, l'un après l'autre, d'une maison qui s'écroulait, pour les déposer dans un lieu sûr et à l'abri du danger.

Ce sinistre était d'autant plus à craindre que cette inondation excita la submersion de toutes les caves du quartier. Toutes les futailles et autres objets dont elles étaient munies la veille surnageaient à la surface de l'eau, et suivaient quelquefois le courant rapide du torrent.

Jammes, en arrrivant, bien mouillé et plein de boue, changea de vêtements et se mit en devoir de vider l'atelier, qui était plein d'eau, aidé par son compagnon.

Quelque temps après, Jammes fut blessé, ce qui le détermina à partir pour Lyon.

CHAPITRE IV

ARRIVÉE DE JAMMES A LYON — PASSAGE DU RHONE

Arrivé à Lyon, Jammes passa huit jours à visiter la vieille cité du Rhône. Vu la saison rigoureuse de l'hiver, le chômage se faisait pressentir. La mère des compagnons ne possédait pas de demandes d'ouvriers pour la ville, Jammes fut désigné pour la campagne.

On lui délivra le nom et l'adresse d'un industriel, qui avait fait la demande d'un aspirant. Jammes se mit en route par un temps glacial, sans trop connaître où il allait, car, soit que l'on eût mal mis l'adresse ou qu'il se fût trompé lui-même, au lieu de se diriger sur Meximieux, il prit la route de Mézieux, et quand il fut arrivé dans ce village, exténué de fatigue par la marche et l'effet de la neige qui couvrait son passage par une couche épaisse, on lui dit que ce n'était pas le lieu indiqué, qu'il fallait retourner à Lyon, ou bien prendre un chemin qui conduit aux bords du Rhône, là où il y avait des bateliers et des barques pour traverser le fleuve, et, qu'après avoir fait cette traversée, il était nécessaire de suivre la rive, afin de gagner la route qui conduit à Meximieux.

Jammes préféra ce dernier et se rendit à travers champs, ou plutôt à travers la neige, sur les bords du Rhône, à la tombée de la nuit.

De ce côté, les abords du fleuve se trouvent élevés, et, pour arriver auprès de l'eau, il fallut descendre à travers les précipices.

Jammes, alors, et avant de s'élancer à travers les rochers, la neige et les glaçons, chercha à découvrir la barque ou le nautonnier ; mais il ne réussit pas : il fallut encore une fois affronter le péril, tel, qu'une troupe aguerrie n'aurait peut-être pas osé. Jammes descendit quelque peu le précipice, se soutenant avec sa canne, quand, tout à coup, ses pieds glissèrent, par l'effet des glaçons et de la neige, jusqu'aux bords du fleuve, avec son sac et sa canne, qu'il n'abandonna pas.

Quelque temps après, et quand il fut remis de sa chute et débarrassé des glaçons et de la neige, il chercha de son regard, de l'autre côté de la rive, s'il pouvait découvrir quelqu'un qui voudrait lui faciliter la traversée. N'apercevant rien, il se mit à appeler de toutes ses forces, mais, hélas ! il eut le temps de grelotter ou trembler par le froid et de se tourmenter par la crainte, car la nuit était proche. Ce ne fut qu'après une heure d'attente qu'un batelier sortit de sa cabane, vint à son secours, et, après avoir adressé quelques mots à Jammes, qu'à peine il ne put comprendre à cause de l'espace qui le séparait et du bruit des glaçons qui se heurtaient sur la rive, se décida à traverser le fleuve dans son frêle bateau.

(La suite à la prochaine livraison.)

JAMMES OU L'HISTOIRE D'UN PRODUCTEUR (suite)

3ᵐᵉ LIVRAISON.

Quand il fut près du bord, ou plutôt des glaçons qui le couvraient et l'empêchaient de ramer : « Que diable ! lui dit-il d'une voix courroussée, venez-vous chercher si tard ici et par un temps de glace pareil ? Je me serais passé volontiers de cette corvée, car elle est dangereuse et difficile. Je ne vous traverserai pas à moins de huit sols, et si vous voulez que je vous passe, descendez en aval de la rive, car le courant est trop rapide et la glace ne me permet pas d'arriver à cette place. »

Jammes regarda du côté indiqué. A cette vue, le trajet lui parut impossible ; il dit au nautonnier :

— Comment pourrai-je descendre plus bas ? Ne voyez-vous pas ce rocher qui avance à pic sur la rive ? Je crains qu'il ne soit pas possible de passer dessous sans dégringoler dans le Rhône.

— Bah ! lui dit le rustique Bressant, d'une voix grave, vous en verrez bien d'autres. Prenez ce sentier : vous passerez derrière cette roche détachée, et vous descendrez, passant sous ce bloc à pic qui semble quitter ses frères pour se plonger dans l'eau ; tenez-vous ferme, car vous pourriez bien tomber avant lui.

Jammes fut un instant effrayé en réfléchissant à la chute qu'il venait de subir et dont il ressentait encore

les contusions. Les paroles du batelier étaient, du
reste, peu rassurantes pour lui, mais son courage,
toujours énergique, ne lui fit pas encore défaut,
et il ne tarda pas à franchir, non sans effroi,
surtout à l'endroit périlleux, le rocher à pic,
où il fallut qu'il se cramponnât après les roches qui
excédaient çà et là le fleuve, se soutenant avec sa
canne. Il arrivait quelquefois que ses bottes brisaient
la glace par le poids de son corps ou le déplacement
de quelques pierres pas assez consolidées pour le
supporter fixées que par l'adhérence de la congé-
lation et recouverte par la neige.

Par un effet fatal, une pierre qu'il serrait de sa
main engourdie par le froid, afin de ne pas tomber
sur la glace et dans le tourbillon, lui échappa au
même instant; une autre déroula sous ses pieds, ce
qui produisit une chute, et Jammes, à ce moment,
avait une jambe sur la glace et l'autre dans l'eau ;
peu s'en fallut qu'il déroula totalement dans le
gouffre pour ne plus en sortir, car il y avait dans cet
endroit, d'un côté, un rocher inabordable, et, de
l'autre, un tourbillon dangereux. Enfin, par un effet
surhumain, Jammes parvint bientôt à sortir de cet
enfer glacial et à s'embarquer dans le frêle batelet,
où il paya à l'avance les quarante centimes qu'il
avait promis au nautonnier, qui gagna le large,
et, en peu d'instants, l'on traversa le Rhône.

Aussitôt que Jammes eut mis pied à terre, il s'empressa de remercier le Destin de l'avoir préservé encore une fois du péril qui lui venait de paraitre inévitable, et remercia ensuite le batelier ; il lui demanda s'il voudrait bien lui enseigner une auberge où il pourrait passer la nuit et prendre quelque nourriture.

Ce dernier lui dit : « Vous trouverez une maison dans le village, qui n'est pas loin d'ici, où l'en pourra vous loger. »

Jammes, alors, salua le pêcheur et se dirigea du côté de quelques maisons qui, par l'effet ténébreux de la nuit, paraissaient à ses yeux et à son imagination autant d'objets périlleux. Il trouva, néanmoins, un logement où il put passer la nuit et se reposer des fatigues qu'il venait d'éprouver.

Le lendemain matin, Jammes se rendit à Meximieux. Sa première occupation, à son arrivée dans ce bourg, fut de s'informer de la demeure du patron auquel il était adressé, afin de se mettre au travail le plus promptement possible, pour ne pas perdre de temps ; il finit par la découvrir, et s'adressa au chef de l'établissement, qui, effectivement, avait fait une demande d'ouvrier au bureau de Lyon. Ce dernier, après l'avoir examiné des yeux de la tête aux pieds, lui dit : « Vous êtes bien jeune, mon garçon, pour voyager, surtout par une neige et un froid comme il

en fait un. C'est la mère qui vous adresse chez moi,
sans doute ? Il est vrai que j'ai fait une demande :
mais il y a huit jours, et je ne vous attendais pas
aujourd'hui. Cela n'empêche pas d'entrer dans la
salle vous chauffer, et vous déjeûnerez. »

Jammes accepta cette offre bienveillante et s'in-
troduisit dans une pièce qui servait de cuisine et de
salle à manger ; on le fit asseoir au coin d'une grande
cheminée : là, une bonne femme tenait, d'une main,
une énorme poële à frire, et, de l'autre, un petit
bâton à l'extrémité duquel on avait fixé un bout de
lard. Cet appareil servant à enduire le fond de la
poële, une jeune personne puisait dans une espèce
de marmite, avec une cuiller à pot, une farine de blé
noir, délayée avec de l'eau, pour la verser dans la-
dite poële aussitôt que la bonne femme avait promené
sa couenne de lard sur la superficie du fond. C'est
avec ce procédé que l'on fabriquait, dans cette pauvre
contrée, la galette de blé noir ou sarrasin. C'est
avec ce mets seul que l'on déjeûnait. Il est d'usage
que chacun se serve : on dit à Jammes de prendre
des mattefins (c'est le nom que donne à ces galettes).
Comme d'autres personnes se servaient, il en prit
une sur une colonne d'environ un mètre, entassées
l'une sur l'autre, et en mangea sans revenir à la
charge comme les autres ouvriers, pensant que l'on
servirait d'autres aliments pour le déjeûner. C'est

pour cela qu'on lui disait d'en prendre, car c'était bien là toute la nourriture du repas. Jammes ne pensait pas, jusqu'alors, que le déjeûner fût servi : il fut surpris quand, tout à coup, le patron lui dit : « Vous ne mangez pas, mon pays? » (mot vulgaire dont on se sert sur le tour de France).

C'est l'usage, dans la Bresse, de déjeûner avec des mattefins ; chacun se dirigea du côté de son occupation, après avoir mangé de cette nourriture, sinon mauvaise, mais peu au goût de Jammes, qui prit congé de ces malheureuses gens, après les avoir remerciées, pour se procurer ailleurs un déjeûner de son goût, qui lui fut servi, dans un hôtel de ce bourg, pour la somme de un franc. Il déjeûna et repartit pour Lyon.

Chemin faisant, Jammes réfléchissait et se disait à lui-même : « Quelle pitié! peut-on nourrir des travailleurs ainsi. Aurait-on le courage de leur donner seulement de ces dégouttantes galettes? Cela serait une infamie. Peut-être leur donne-t-on un dîner confortable. Quoi qu'il en soit, l'hiver est proche et paraît se montrer rigoureux. Dans cette contrée, les travaux doivent être rares ; il faut que je parte pour Marseille : là le climat est plus doux, et peut-être que l'occupation est plus facile à trouver. Du reste, je travaillerai dans les villes qui se trouvent sur la route, et je visiterai la Provence. »

Les prévisions de Jammes n'étaient que trop réelles, et l'état de l'atmosphère grossissait tous les jours sous l'empire du froid, ainsi que le chômage, qui frappait les Lyonnais pour les punir d'avoir été rebelles à la loi en se battant durant six jours, peut-être, sans cause légitime. Cela n'était pas l'affaire de Jammes, car, si les faubourgs de la ville de Lyon avaient subi tout récemment une mitraille destructive, il n'en était certainement pas le mobile. Il a remarqué seulement, près du pont de la Guillotière, des maisons démolies et brûlées par les bombes. Ce qui attira le plus son attention, c'est une enseigne d'auberge qui se trouvait en saillie : les balles et les boulets en avaient fait un crible. On y remarquait plus de vingt trouées que la perforation des projectiles avait produites en se frayant un passage à travers la tôle où l'on avait peint un cheval blanc, qui, à cette époque, n'était plus ressemblant par ces infinités d'ouvertures de plusieurs calibres.

Avant de quitter cette capitale, Jammes en visita les principaux monuments, tels que l'Hôtel de Ville, où il eut la satisfaction de voir deux statues colossales, en bronze, dont les noms sont : l'une, le Rhône, représentant l'abondance des produits du levant au sud, en partie arrosés par ce fleuve, tels que : raisins, oranges, figues et autres denrées agricoles ; à gauche, était placée la Saône, tenant à la main une palme et une foule d'épis de roseaux, et d'autres produits groupés ensemble, dont les abords de cette rivière se trouvent munis.

Jammes fut assuré que ces statues étaient en métal bronze, car il remarqua que celle du Rhône avait le gros orteil poli par les mains des visiteurs, qui, presque tous, produisaient un frottement par le toucher. La statue de Louis XIV, au centre de la place de Bellecourt (remarquable par la position de son cheval), sur un piédestal entouré d'une grille en fer, dont une partie était dorée ; l'église Saint-Pierre, fameuse par sa gigantesque forme, et sa cloche d'une grosseur à faire trembler la ville et ses habitants par sa vibration sonore. Jammes n'eut pas le plaisir de l'entendre, car on ne la sonnait pas tous les jours ; mais les habitants lui assurèrent que l'on prévenait les personnes du sexe avant de faire entendre ce bourdonnement, à cause de leur position et de l'effroi qu'elle aurait pu produire sur elles.

Il remarqua, en outre, en visitant l'Hôtel-Dieu, que ses points sanitaires, soit par la mauvaise gestion ou par un vice de construction, laissait beaucoup à désirer au point de vue de la santé des malades, par une odeur fétide qui s'exhalait des salles de cet établissement.

Jammes faillit tomber à la renverse, tellement il fut frappé par les miasmes en y entrant.

CHAPITRE V

DÉPART DE LYON POUR MARSEILLE

De retour chez la mère du faubourg de la Guillotière, Jammes s'informa d'abord s'il y avait du travail pour lui en ville, et informa le rouleur (nom que
l'on donne à un compagnon qui embauche), ainsi que
la mère de sa mésaventure ; on lui dit qu'il n'y avait
pas de demandes pour le moment, mais qu'une lettre
chargée lui était adressée. On la lui remit. Jammes
oublia bientôt le périlleux voyage, ainsi que les glaçons des bords du Rhône, en apprenant que ses bien-
aimés parents jouissaient d'une parfaite santé et qu'ils
étaient assez bons pour lui venir en aide en temps
très-utile ; après, il réfléchit sur le choix de la voie
qu'il allait prendre pour se diriger vers la Provence.
On lui dit que des bateaux chargés de céréales étaient
en partance pour Beaucaire, et qu'il pouvait prendre
cette voie, attendu que l'on acceptait quelquefois des
voyageurs à bord. Ce fut cette voie qu'il choisit, et,
après qu'il eut fait les adieux d'usage, il endossa son
sac et sa gourde ; il n'oublia pas son bâton ou canne
de chêne vert, et se mit en ronte.

Quelques aspirants, comme lui, vinrent lui faire la
conduite et l'accompagnèrent jusqu'au pont de la
Muletière, là où mouillaient les bateaux désignés

pour Beaucaire, en attendant que le fleuve soit navigable.

Jammes remercia ses amis et ses compagnons de conduite, leur serra la main en leur disant au revoir, et se dirigea vers le bord.

Quand il fut près de la petite flottille, il demanda au capitaine pilote s'il voulait l'accepter comme voyageur. Ce dernier lui répondit :

— Volontiers, nous allons partir à l'instant ; vous mangerez avec nous, vous serez bien nourri, et vous payerez deux francs par jour : cela vous coûtera moins cher que de marcher à pied.

Jammes, croyant que l'offre du chef marinier lui serait favorable, l'accepta sans réflexion, et conclut la convention en buvant du vin noir et doucereux du crû de la Provence, dont l'équipage se trouvait approvisionné. Jammes trouva ce vin délicieux, comparativement à celui du Lyonnais.

Mais il ne prévoyait pas l'adversité de ce voyage, ni le danger qui pouvait en surgir, car, au lieu de partir tout de suite, comme l'avait dit le pilote, on ne quitta le quai de la Muletière que deux jours après, à cause du débordement toujours croissant du fleuve.

Le premier jour, non de marche, mais bien de navigation dangereuse, on franchit peu d'espace à cause des funestes résultats que présentait le Rhône et du peu de lumière que produit le soleil au jour de la saison d'hiver, et on ne détacha les cordes qui retenaient les bateaux qu'après trois jours d'attente, répétant sans cesse : « Nous allons partir, nous allons partir! » comme le disaient aussi les conducteurs de voitures que l'on nomme *coucous*.

Hélas! ce fut bien autre chose quand, arrivant aux roches de Condrilleux, soit par mésintelligence des mariniers ou plutôt l'influence ou la rapidité du fleuve qui ne permettait pas de diriger l'équipage convenablement, le bateau où était Jammes passa sur la roche, se brisa et ne tarda pas à couler à fond le blé et autres marchandises qui faisaient partie de la cargaison, excepté les mariniers et Jammes que le le courage et les débris des plats-bords ou radeaux leur permirent de regagner la rive sans péril, laissant au fleuve en furie, comme une mer agitée, le reste du bateau entraîné.

C'était le sixième jour, et Jammes commençait à se fatiguer du voyage fluvial. Après qu'il fut remis et qu'il eut fait sécher ses vêtements, il résolut de ne plus continuer son voyage par la même voie, et partit à pied pour Valence.

Arrivé dans cette ville, Jammes s'informa ou plutôt chercha des travaux, dans l'espoir de s'instruire, en même temps gagner de l'argent pour garnir sa petite bourse, car les fonds commençaient à baisser. Ce fut en vain, car il ne put découvrir du travail, et jugea convénable de continuer son voyage, non sur le Rhône, mais bien sur la route.

Le service des voyageurs, dans cette contrée et à cette époque, se faisait au moyen de voitures suspendues sur l'essieu, que l'on nommait *pataches*. Ces véhicules de mauvaise forme étaient trainés par des mulets.

C'est là que Jammes commença à connaitre le caractère des Provençaux, ainsi que l'entêtement de ces quadrupèdes que l'on nomme mulets, car l'un jurait des *tron de Dieu !* et l'autre se mettait en travers de la route, ce qui produisait du retard, parce que chaque fois que l'un de ces animaux se dirigeait ainsi, l'autre s'arrêtait et trainait la patache dans les ornières, qui, à certaines places, n'avait pas moins de trente centimètres de profondeur. Cet effet produisait un ballottement tellement nuisible, que les voyageurs fatiguaient davantage que s'ils eussent marché à pied. Jammes ne se trouvait pas encore à l'aise, surtout quand la clarté du jour eut disparu pour faire place au ténébreux tapis noir de la nuit. Néanmoins, vers onze heures du soir, l'équipage s'arrêta devant une porte cintrée en forme de viaduc. Cette porte, en bois et bien fermée, était l'entrée d'une ville que l'on nomme Montélimart.

A cette vue, Jammes se dit : « Dieu merci ! nous voici donc de retour, ou plutôt arrivés à l'hôtel; ce n'est pas sans peine ! » Mais la porte ne s'ouvrit qu'au bout de dix à quinze minutes, et, après que les commis eurent visité la voiture, le patachon se mit aussitôt à taper les mulets plutôt avec le manche du fouet qu'il tenait à la main, qu'avec le cuir. Ces pauvres bêtes, quoique fatiguées, soit qu'elles reconnussent l'approche de l'écurie, ne tardèrent pas à traverser la ville dans une rue passablement longue.

Arrivé à l'hôtel, Jammes prit un peu de nourriture et ne tarda pas à se diriger vers sa chambre à coucher pour se reposer, car il était plus fatigué que s'il eût marché à pied, à cause du cahotage de cette patache.

Jammes fit le vœu de ne jamais la reprendre pour voyager, et partit de pied à l'aube du jour. se dirigeant du côté d'Avignon ; s'informa s'il y avait et si l'on voudrait bien lui donner de l'ouvrage dans les villes et les bourgs où il passait, tels que Pont-Saint-Esprit et plusieurs autres villages qui se trouvaient sur son passage.

Jammes ne trouvait pas d'occupation, et ses ressources ne lui permettaient pas de marcher plus longtemps sans se voir priver du strict nécessaire à la vie. Par fatalité, il ne se trouvait pas dans cette contrée de bureau que l'on nomme la mère, où les travailleurs faisant partie de la société trouvent, en quelque sorte, une famille, des renseignements utiles, en même temps que des secours honorables.

Jammes, exténué de fatigue, arriva, non sans souffrance, dans une ville que l'on nomme Orange, près de Cette, sous-préfecture. Non loin de l'entrée existait alors un rond-point ; son centre était occupé par une porte isolée ou arc de triomphe, ornée de sculptures gothiques. Quoique pressé par la faim, Jammes s'arrêta et fit le tour de ce monument en admirant le produit de la science et du travail qui lui parut avoir été exécuté par de célèbres artistes, anciens travailleurs romains.

Il est à remarquer que Jammes se privait de nourriture chaque fois qu'il trouvait l'occasion de contempler un travail de son goût, ainsi que les merveilles de la nature. On le verra plus loin, lorsqu'il visitait la source ou fontaine du Vaucluse, le sommet du mont Vantou et plusieurs autres chefs-d'œuvre naturels que le hasard et sa ferme volonté lui facilitaient la vue.

Notre intrépide examinateur, cédant à la faim que la trop longue distance depuis son dernier repas lui faisait endurer, se décida à gagner la ville. Comme il y avait un bureau pour les compagnons passants, ou plutôt une auberge spéciale où l'on recevait les voyageurs du tour de France, ainsi qu'il est déjà mentionné sous le nom de *mère*. Là, Jammes trouva de quoi satisfaire sa faim dévorante.

Lorsqu'il fut restauré, sa première occupation fut de s'informer s'il pourrait, encore une fois, se procurer du travail dans cette ville.

Il se trouvait précisément chez la mère, à cette époque, un aspirant, comme lui, arrivé depuis peu et sans emploi. Ils partirent tous deux, et s'informèrent en visitant la ville, toujours cherchant des travaux ; une seule maison leur en promit, mais ce n'était pas pour le moment, et seulement dans quelques jours. Leur promenade n'était pas longue, car la ville n'était pas grande. En passant près d'un marché, Jammes vit un tas de marrons dépouillés de leurs pellicules : il crut d'abord que c'étaient des petites pommes de terre nouvelles, attendu qu'il avait vu sous d'autres halles de jeunes tubercules rangés de la même manière. Enfin, il marronnait passablement lui-même de ne pas travailler de suite, lorsque, se dirigeant du côté du bureau, marchant la tête baissée, à environ dix pas à l'arrière de son compagnon, tout pensif, les yeux fixés sur la terre, comme s'il eut voulu réclamer quelque chose, justement, devant une porte d'un marchand épicier, sur un défaut de pavé assez couvert de poussière, il crut voir d'abord des petites pièces rondes en ferblanc et les repoussait avec le bout de son pied ; ensuite il se baissa pour en ramasser : il reconnut aussitôt que cela pouvait être des pièces de monnaie.

Le garçon épicier, placé sur la porte, le regardait sans bouger. Jammes rappela son compagnon et se mit aussitôt à ramasser de ces pièces, qu'il venait momentanément de croire qu'elles étaient en ferblanc, mais elles étaient bien en bon argent, toutes de la valeur de cinquante centimes, et frappées à l'effigie de différents monarques, ayant régné et régnant encore sur la France. D'autres personnes qui passaient voyant que Jammes et son compagnon remplissaient leurs poches de ce métal, se mirent en devoir d'en ramasser aussi : le défaut de pavé se trouvait bien garni, car Jammes en ramassa environ la valeur de neuf à dix francs ; son compagnon, qui venait de passer sur la petite Californie, sans s'en apercevoir, en ramassa aussi à peu près la valeur de cinq francs, et les mit dans sa poche, ainsi que les passants, qui en prirent chacun autant se retirèrent du côté opposé, et personne ne dit un seul mot.

Jammes fut un instant stupéfait en regardant l'épicier encore sur le seuil de sa porte, le fixant sans rien dire.

De retour chez la mère, Jammes lui fit part de son aventure, et lui donna à vérifier ces pièces de monnaie.

Après les avoir fait sonner, elle lui dit qu'elles étaient très-bonnes, et lui demanda, en outre, si sa bourse était bien garnie.

La réponse de Jammes fut négative sur ce point.

—Eh bien ! mon garçon, lui dit-elle, puisqu'il en est ainsi, vous pouvez vous servir de cet argent ; cela vous aidera à vivre quelques jours, en attendant que vous trouviez des travaux, puisque personne ne le réclame ; mais à la condition, bien entendu, que vous en effectuerez la restitution aux malheureux, aussitôt que votre position vous le permettra.

Jammes remercia la bonne femme des conseils qu'elle venait de lui donner, mais il ne lui en fallait pas davantage, car ce fut avec peine qu'il se servit de cet argent. Quoiqu'il l'eût ramassé publiquement, et en plein soleil, il n'ignorait nullement qu'une trouvaille ne pouvait constituer une propriété bien acquise. Aussi en donna-t-il une preuve plus tard, secourant les infortunés chaque fois qu'ils s'adressaient à lui et que ses ressources le lui permettaient : il restitua au centuple la valeur de sa trouvaille.

Lorsque Jamme eut réglé et soldé la mère de la dépense qu'il avait faite, il se mit en route, afin de se rendre à Avignon.

C'était vers le mois de février, et le vent de bise exerçait sur la plaine une telle puissance que les cailloux de la route se détachaient par son soufflement impétueux, venaient frapper le visage de Jammes et l'empêchaient souvent d'avancer.

(La suite à la prochaine livraison.)

JAMMES OU L'HISTOIRE D'UN PRODUCTEUR (suite)

4me LIVRAISON.

CHAPITRE VI.

LES SCÈNES SAUVAGES

Si les associations du compagnonnage étaient
d'une grande utilité, surtout au point de vue du progrès, du développement de la science et des arts, de
l'humanité partielle ou parmi ses membres, chose
incontestable, elle laissait beaucoup à désirer du côté
de la fraternité, de son ensemble principalement,
lorsque l'on examine ces espèces de tueries ou guet-
apens, exécutées sur les routes entre travailleurs,
quelquefois même du corps de métier semblable. Il
sera facile de s'en former une idée, lorsque l'on verra,
en lisant ce passage où notre intrépide producteur,
près des portes d'Avignon, fut *topé* (mot dont on
se servait pour se reconnaître sur la route) par des
adversaires, se défendre comme un jeune lion contre
douze étourdis mal famés, et parant les meurtriers
coups de trique avec sa canne, les uns après les
autres. Nous allons répéter les mots textuels dont

4

on se servait au moment de ces scènes que nous nommons sauvages.

Jammes marchait sur la route armé de son bâton de chêne vert, lorsque tout à coup l'un de ses douze agresseurs, placé au milieu du chemin, tenant de ses deux mains une longue canne, et la faisant voltiger comme il est d'usage, prononça ces mots d'une voix de ténor : « Tope, pays ! quelle vocation ? » Jammes se trouvait à deux cents mètres de son adversaire, riposta cette réponse dans les mêmes termes, et ajouta : « Maréchal ferrant. » L'autre lui répondit : « Passe au large ! » Mais Jammes avançait toujours, sans se déranger de la ligne du centre de la route, sans craindre le danger, et croyant le rappeler à la moralité, lui dit d'un ton énergique : « Je ne recule jamais, et ne passerai pas au large. J'espère que vous ne tomberez pas tous sur moi, que vous combattrez bravement, du moins l'un après l'autre ; là, vous donnerez des preuves de vo're valeur, et moi de mon courage. »

Ce hardi combattant s'avançait toujours sans crainte. Arrivé au but où le combat pouvait s'exécuter, son ennemi fit un saut en arrière, porta un coup de figure que Jammes para, et redoublant par un coup de tête, que la tête de son adversaire reçut du côté droit, et le fit pirouetter si bien, qu'il le renversa à terre. Un autre voulut prendre sa revanche, et au bout de quelques coups portés de part et d'autre, succomba comme le premier. Quand tout à coup un troisième s'élança sur Jammes, et comme un assommeur, sans l'avertir ni se mettre en face, lui porta un coup au côté droit de la tête, qu'il ne put parer, vu qu'il ne s'attendait pas à ce qu'on lui porterait un coup en arrière. Ce coup meurtrier fut distribué au moyen d'un jonc, dont le bout en cuivre de vingt-cinq centimètres était si bien plombé, qu'il le renversa à terre comme s'il eût assommé un bœuf avec une massue en fer. Ces barbares eurent la cruauté, après avoir cassé leur canne sur la tête de Jammes, de le désarmer de sa trique en chêne vert; et l'emportèrent probablement dans leur lieu de réunion en signe de victoire, laissant Jammes dans un fossé, baigné dans son sang, sans connaissance.

Lorsque Jammes eut repris ses sens, ou plutôt qu'il fut sorti de la position mourante dans laquelle ces forbans l'avaient laissé, jeta un regard autour de lui, afin de se rendre compte et reconnaître la place où il était; il ne vit plus qu'une mare de sang, et personne pour lui porter du secours. Il songea aussitôt à sa canne de chêne vert, qu'il avait apportée de Saint-Étienne, et pour laquelle il avait beaucoup d'attachement. Mais cette arme fameuse était disparue, ainsi que son petit paquet, roulé dans une enveloppe de cuir qui lui servait de tablier. Aussitôt qu'il put se relever et s'orienter, il s'essuya avec son mouchoir et le mit à sa tête, afin d'étancher le sang qui coulait encore d'une solution de continuité de sept à huit centimètres de longueur, résultat du coup terrible que ces traîtres venaient de lui porter étant placés derrière lui. Jammes, meurtri partout, se transporta en chancelant chez la mère. Aussitôt qu'il fut arrivé, on appela un chirurgien, qui lui donna les soins nécessaires à sa position et lui conseilla de se mettre au lit ; mais Jammes ne voulut pas se coucher sans chercher à se venger de cette insulte ; ce qu'il tenait principalement, c'était de reconquérir ce qu'on lui avait pris, c'est-à-dire sa canne et son petit paquet. Tous les travailleurs qui se trouvaient chez la mère, compagnons et aspirants, furent de son avis.

Ils partirent, Jammes en tête, pour l'endroit où le combat avait eu lieu, décidés de venger l'acte dégradant que ces mi-sauvages venaient de commettre ; mais ce fut en vain, car ils ne rencontrèrent pas les coupables, et après deux heures de recherches, ils rentrèrent tous mécontents de leur mauvaise réussite.

Arrivés aux portes d'Avignon, ils rencontrèrent de la résistance ; les gardiens se refusaient à les leur ouvrir. Ce ne fut qu'à force d'instances qu'on se décida à faire fonctionner de gros verroux, pour ouvrir d'épaisses portes servant à fermer des espèces de créneaux qui ne permettaient d'entrer qu'à une personne à la fois, à cause de leurs sinuosités et de leur peu de largeur.

Quelques temps après, et aussitôt que Jammes fut rétabli de ses blessures, il quitta Avignon pour se rendre à Carpentras, dans le but d'y travailler et de visiter les produits de la nature dont cette contrée est embellie.

Arrivé dans un village, à environ deux kilomètres de la ville, Jammes entra dans une boutique, demandant à parler au patron, qui se trouvait précisément seul occupé à forger ; un aide devait lui être d'une grande utilité, surtout à ce moment. Jammes connaissait déjà le proverbe qui dit : Il faut battre le fer quand il est chaud, et jugeant qu'un coup de main était nécessaire, prit le marteau et se mit en devoir de frapper devant sur l'enclume.

Cette improvisation et le tintement des deux marteaux attira la curiosité de *la bourgeoise* (nom que l'on emploie sur le *tour de France*), toute nouvellement mariée. Cette jeune dame fixait notre nouveau venu de ses deux grands yeux noirs, dont les cils épais et de la même couleur faisaient briller un blanc éclatant, comme si elle eût voulu le connaître, et lui dire de rester à travailler avec son jeune époux pour lui venir en aide.

Jammes, à cette époque, portait des cheveux châtain-clair, un large front, de brillants yeux bleus,

une barbe naissante et clair-semée, une paire de joues
fraîches et rosées, une taille moyenne et élancée, un
maintien capable de faire espérer qu'il était un ro-
buste travailleur. Les deux jeunes époux le jugèrent
ainsi, et lui dirent de rester avec eux. Jammes, qui
ne demandait pas mieux, accepta et se mit à travailler après qu'ils eurent bu une goutte de vin noir
et doux, mais naturel et sans mélange, récolté dans
cette contrée.

Quand le travail de la journée fut terminé, la
jeune patronne vint annoncer que le souper était prêt;
elle dit ensuite qu'il ne fallait pas le laisser refroi-
dir. Jammes alors quitta son tablier, et se procura
de l'eau claire, et comme il en avait l'habitude, se
lava les mains et la figure à grande eau. Cela fait, le
patron le conduisit dans une espèce de cellier qui servait de cave, lui montrant une bouteille en verre qui
contenait huit à neuf litres, et que l'on nomme marie-
jeanne : « Prenez ce flacon, lui dit-il, et remplissez-
le du vin qui est dans cette pièce, à gauche.
Jammes, exécutant cet ordre, remplit cette grande
bouteille, l'apporta sur la table, et fut en même temps
chargé de verser à boire. Comme ses forces ne lui
permettaient pas de verser d'une main, il fut contraint
de prendre le flacon par le goulot, et de placer l'autre
main au bas de la bouteille; à peine arrivait-il à
verser régulièrement, à cause de la lourdeur de cet

appareil, et du peu d'habitude qu'il avait de manier des flacons de cette dimension. Après le souper, on demanda à Jammes s'il avait couché d'autres fois sur la paille ; il répondit : « Non, pas encore. — Eh bien ! lui dit le Provençal, il faut un commencement dans toutes choses ; je ne couche sur un lit que depuis que je suis marié, et il y a quinze jours ; on y est très-bien couché. Venez avec moi ; prenez ce drap et cette couverture de laine ; je vais vous montrer la manière de s'en servir. »

A ces mots, Jammes se mit à rire. Sa pensée était remplie de curiosité à la vue de ce nouveau mode de prendre du repos. Ce fut bien autre chose lorsque l'homme habitué à ce genre de coucher, lui prit son drap, fit un gros nœud, le plaça sur sa tête, enveloppa son corps du reste. Semblable à un pierrot de la comédie, il se laissa tomber, et roula dans cette paille menue comme si on l'eût coupée au moyen d'un hache-paille ; puis, se relevant, il donna à Jammes l'espèce de sac, lui souhaitant une bonne nuit, et alla rejoindre sa jeune colombe. Mais le nouveau coucheur de cette façon, ne fut pas très-heureux cette nuit-là ; car, soit qu'il ne fût pas habitué à ce genre de coucher, ou qu'il eût mal arrangé son enveloppe, les points saillants et aigus de cette paille vinrent lui piquer le corps par l'effet du linceul destiné a le garantir des picottements.

Jammes resta donc à coucher sur la paille quelque temps, quoique cela n'était pas de son goût ; mais le désir de voir la Fontaine de Vaucluse frappait tellement son imagination, qu'il se rendit bientôt sur les lieux ; là il passa plus de trois heures pour admirer cette source merveilleuse, qui, après avoir produit un bruit effrayant par le jaillissement et la chute des cascades, laisse couler une grande quantité d'eau, qui en sortant est blanche comme la neige ; puis, après avoir séjourné quelque temps dans les bassins qui lui permettent de se reposer, devient limpide et claire, et se divise sur plusieurs points en formant des rivières, qui la plupart portent bateaux, et arrosent cette grande et fertile plaine du comtat Venaissin.

Il est inutile de dire combien Jammes fut heureux d'avoir contemplé cette source qui sort de dessous un rocher, dont nul encore n'a pu sonder la profondeur du fond.

Tout en se dirigeant sur Carpentras, Jammes apercevait non loin de cette ville une montagne très-élevée. Il s'informa du nom qu'on lui donnait et à quelle distance il se trouvait ; un campagnard d'un âge avancé lui dit qu'on la nommait le Mont-Vantou, qui n'était pas éloigné, et au pied de ce mont se trouvait un bourg du nom de Malauseine.

Arrivé à Carpentras, notre curieux inventeur (nous

disons inventeur, parce que c'est dans ces parages qu'il commença à se signaler ; nous reviendrons sur ces faits) s'informa s'il y avait de l'occupation dans cette ville, à Malauseine surtout. On lui dit qu'il fallait un ouvrier dans ce bourg. Jammes répondit aussitôt avec joie : « Je vais y aller, moi, s'il est possible, car j'ai un désir ardent de visiter le Mont-Vantou, et cela, je l'espère, me facilitera ce plaisir. »

Après avoir fait les adieux d'usage, Jammes se mit en route accompagné de plusieurs aspirants et compagnons qui vinrent lui faire la conduite à quelques kilomètres de la ville, lui serrèrent la main en lui montrant la montagne en question, et chacun prit sa direction.

CHAPITRE VII

L'ENSEIGNE DU MARÉCHAL FERRANT

———

Lorsque Jammes fut arrivé à Malauseine, petit bourg assez plaisant, situé au pied du Mont-Vantou, embelli par une esplanade qui paraissait anciennement plantée, à en juger, par l'antiquité de ces platanes couvrant une longue et large voie de communication, il se rendit chez le patron qu'on lui avait désigné ; là se présentait un homme brun, un peu basané, de vingt-cinq à trente années d'âge et d'un air passablement provençal, parlant le patois seulement, ce qui ne faisait guère l'affaire de Jammes, car à peine pouvaient-ils se comprendre ; mais aussitôt une jeune dame, aux cheveux noirs comme du jais, les yeux brillants et le teint blanc comme de l'albâtre, ce qui est assez rare dans cette contrée, l'air gracieux et parlant parfaitement le français, démontrant suffisamment qu'elle avait reçue une certaine éducation, leur vint en aide.

En effet, c'était la demoiselle d'un maître de poste ; ses parents l'avaient fait unir par les liens du mariage à ce brave et rustique maréchal, soit par intérêt ou toute autre cause, cela ne devait pas occuper la pensée de notre nouveau venu, qui se trouvait trop heureux d'être admis à participer au bien-être que procure une bonne éducation, dans la personne de sa douce et gracieuse patronne, s'il n'eût eu à plusieurs reprises l'occasion de croire que cette union n'émanait pas de l'amour, surtout du côté de la jeune et gentille ménagère. Peu de temps après que Jammes fût resté parmi ces deux couples, chacun d'eux commençait à se comprendre, grâce à la jeune épouse qui voulait bien joindre son interprétation pour aider le patron, chaque fois qu'elle le jugeait nécessaire. Si Jammes s'exprimait ainsi à l'égard de cette personne bien élevée, cela venait de ce qu'il était frappé de sa vertu et des soins qu'elle lui a prodigués, tant par son instruction que par ses conseils, qui certainement lui était utiles, et c'est pour marque de reconnaissance qu'il la traite ainsi.

Combien de cœurs généreux sont victimes de leur dévouement! Elle fut de ce nombre, car elle eut bien à combattre de brusques traitements de la part de celui avec lequel elle était liée conjugalement, sans le connaître suffisamment afin de s'aimer toujours.

Mais nous allons passer en revue le premier chef-d'œuvre de Jammes. Comme il s'était signalé par quelque travaux de distinction, son patron lui confia l'exécution d'une enseigne de maréchal, c'est-à-dire une foule de fers à cheval de tout ordre, groupés et rangés ensuite autour d'un morceau de fer représentant la statue de Saint-Eloi, patron des ouvriers du marteau ; les fers liés par des branches de lauriers, le tout en fer travaillé à la main. Jammes rempli si bien sa tâche, que quand il eut placé ce petit ouvrage au-dessus de la porte, une foule de curieux vint tour-à-tour le visiter, et cela à la grande satisfaction du patron et de sa jeune épouse.

Jammes passa quelque temps dans cette position heureuse, voyant s'écouler des jours qui étaient vraiment pour lui des instants de bonheur et de paix. Son ambition naissante se trouvait largement satisfaite, car il n'aspirait qu'à une chose, celle de devenir un célèbre producteur, et son espoir grandissait tous les jours, surtout en présence des félicitations suffisamment répétées de la part de son rustique patron et les fêtes que lui faisait sa brune et blanche patronne en signe de récompense et d'amitié, et qu'elle lui témoignait sans relâche pour prix de sa bonne conduite, de son intrépidité et de son bon goût pour le travail, ainsi que pour sa probité et les soins qu'il mettait à sa bonne tenue.

Les artistes et les personnes de toutes les classes qui venaient joindre leurs félicitations, contribuaient aussi à faire monter au plus haut degré la gloire et l'espérance de ce jeune athlète du travail, entré pour la première fois dans l'arène des spectateurs. Mais hélas ! le bonheur ne tarde pas à être accompagné de son adversité. Comme les jours de joie sont suivis du temps d'épreuves, et Jammes n'en fut pas garanti : il eut l'un de ses doigts cassé, et fut contraint de suspendre son travail pendant quarante jours.

Il passa une grande partie de ce temps à s'instruire sur l'histoire, la géographie, l'écriture et les arts, de là grandit en lui l'idée de voir Paris, car Jammes compris que cette cité était la source des sciences connues, le foyer des découvertes et le berceau des idées nouvelles.

Beaucaire se trouve dans ces parages, et il avait ouï dire qu'il s'y tenait une foire célèbre, Jammes se dirigea sur ces lieux, et y demeura quarante jours, c'est-à-dire le temps que dure la foire ; après avoir visité ce qu'il y avait de curieux et de grandiose, il se rendit à Nîmes ; là il visita les arènes et la Maison-Carrée.

Jammes espérait passer quelque temps dans cette ville, mais le choléra y sévissait tellement fort à cette époque, qu'au bout de trois jours il partit pour Montpellier. Jammes demeura dans cette ville, et dans ses environs, l'espace de dix mois ; il eut la facilité de visiter les principaux monuments, tels que l'école de médecine, le Pérou, ses viaducs; il eût aussi la satisfaction d'examiner les grandes fabriques d'alcools des environs de Cette, et de voir distiller les trois-six dits de Montpellier, ainsi que de goûter du vin muscat de Frontignan, et d'assister aux vendanges de ce pays, dont la renommée s'étend jusque de l'autre côté des mers pour ses vins.

Mais l'idée de voir Paris le frappait tellement qu'il ne mit guère que deux ans pour s'y rendre en traversant le centre de la France, et s'arrêtait pour travailler, bien entendu, aux principales villes qui se trouvaient sur son passage.

Jammes passe outre les récits des faits qui se produisirent durant cette traversée, car son but était d'arriver à Paris, afin d'y puiser les ressources nécessaires à la fécondité des idées nouvelles et grandioses que renfermait son large front; nous disons grandioses par le motif qu'elles émanaient du progrès et de l'humanité.

Pauvre Jammes, combien lui fallut-il de courage pour supporter le poids de la fatigue qui pèse sur tous les hommes qui se dévouent aux recherches, ne possédant ni fortune ni talents, suffisamment mûris par l'expérience des faits !

Combien lui fallut-il aussi d'énergie pour repousser les embûches et les piéges de l'immoralité, qui sont trop souvent tendus dans ces cloaques du bien et du mal ! car combien de cœurs généreux ne s'y corrompent-ils pas en présence de toutes ces tentations corruptrices ?

Mais Jammes mettait tout son espoir dans l'avenir, et il ne lui en fallut pas davantage pour triompher de ses ennemis, ou plutôt de ses passions ; il combattit partout bravement, comme il le fit au moment des scènes sauvages que nous avons soumis au jugement de nos lecteurs, dans le chapitre cinquième qui précède.

Hélas ! ces premières luttes ne furent pour lui que des épreuves, comparativement aux combats cruels et terribles qui devaient plus tard l'attendre, car les premiers n'étaient autres que quelques étourdis se battant sans trop connaître le motif, le sujet ou la cause qui les faisaient agir ainsi, comme des hommes sans mœurs ni civilisation. Ce fut bien autre chose lorsqu'il lui fallut lutter en face d'une société de marâtres, d'ambitieux, d'intrigants et de lâches, qui ne se font pas scrupule de dépouiller leurs semblables pour se couvrir doublement eux-mêmes. Ils n'auraient pas été fâchés de le voir tomber à leurs pieds, accablé de privations et de fatigue, s'il eût dû leur en revenir toutefois un plus ou moins considérable bénéfice. Fort heureusement que parmi cette agglomération d'hommes de toutes classes, et venant des cinq parties du globe, il se trouvait aussi quelques cœurs généreux, réfléchissant à leur dignité et qui, comme lui, prennent à cœur de remplir la tâche que cette grande élévation impose à l'homme durant le court pélérinage de ce monde et le pénible passage de la vie.

Combien Jammes aimait-il à les fréquenter et comme il était heureux lorsqu'il en obtenait des conseils salutaires et scientifiques ; il s'appliquait surtout à les mettre en pratique, quoiqu'il ne fussent souvent transmis qu'indirectement ; il sacrifia une grande partie de son repos à les étudier, afin de les mettre à exécution chaque fois qu'il en reconnaissait l'utilité et que ses ressources le lui permettait, car il préférait toujours la grandeur et l'honneur dans le bien que dans les richesses factices de ce monde. Il était tellement frappé de l'idée que, comme ses prédécesseurs, il n'emporterait nullement rien de ces prétendues richesses, qui ne sont qu'illusions au moment où la mort vient frapper de sa faulx l'homme qui a plus ou moins bien vécu pour le salut et le bien-être de ses semblables durant le court et pénible voyage de sa vie. Nous aurons l'occasion de le démontrer plus d'une fois dans le cours de cet ouvrage.

(La suite à la prochaine livraison.)

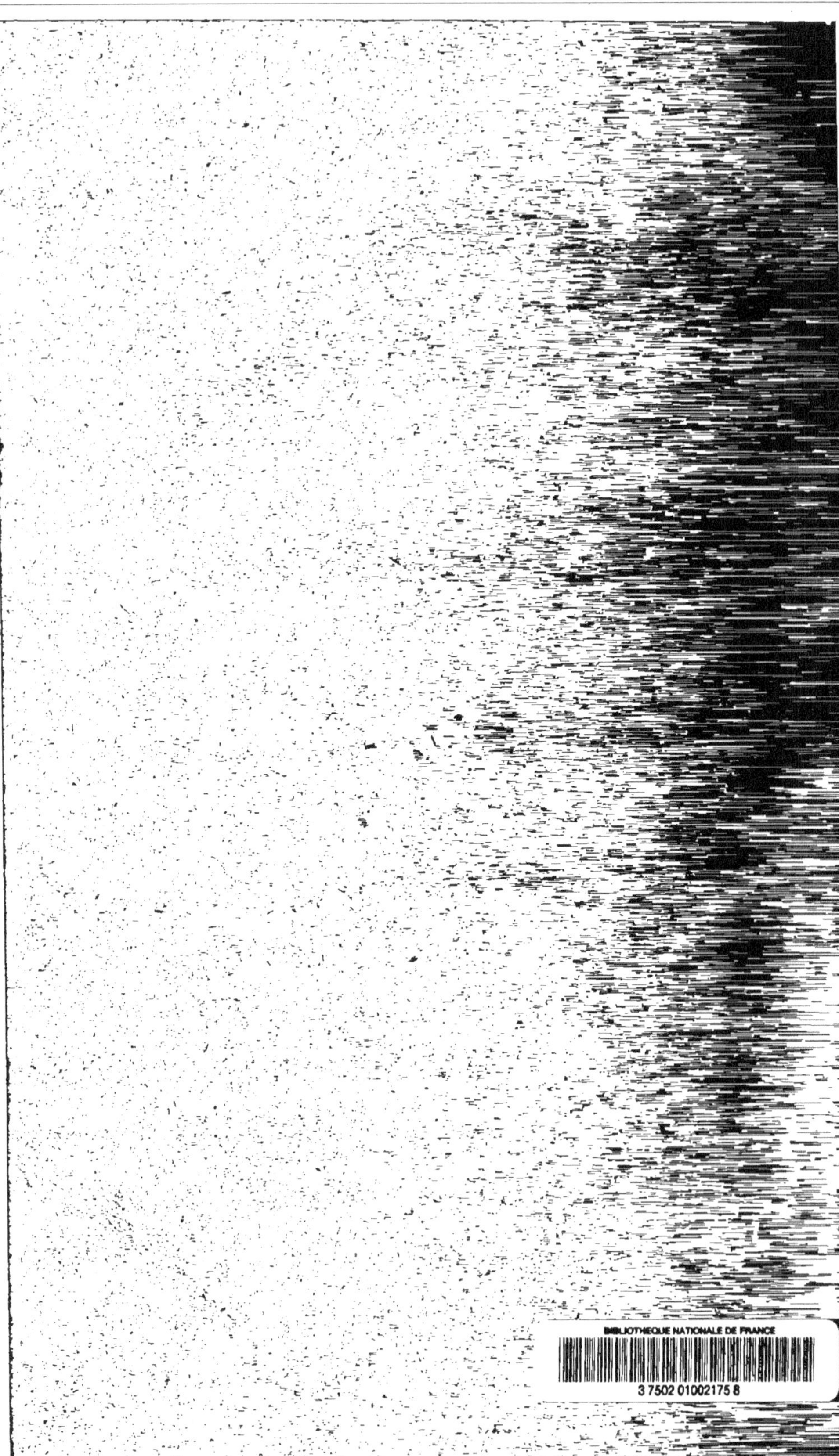